童眼识天下 科普馆

工程车

童 心○编著

化学工业出版社

·北京·

图书在版编目（CIP）数据

童眼识天下科普馆. 工程车 / 童心编著. —北京：化学工业出版社，2019.8（2024.6重印）

ISBN 978-7-122-34601-8

Ⅰ.①童…　Ⅱ.①童…　Ⅲ.①常识课-学前教育-教学参考资料　Ⅳ.①G613

中国版本图书馆CIP数据核字（2019）第105106号

责任编辑：张素芳　　　　　　　　　　　　　　封面设计：张　辉
责任校对：杜杏然

出版发行：化学工业出版社（北京市东城区青年湖南街13号　邮政编码100011）
印　　装：北京宝隆世纪印刷有限公司
889mm×1194mm　1/20　印张4　　2024年6月北京第1版第6次印刷

购书咨询：010-64518888　　售后服务：010-64518899
网　　址：http://www.cip.com.cn
凡购买本书，如有缺损质量问题，本社销售中心负责调换。

定　　价：22.80元

欢迎来到工程车展览会！这些大家伙虽然外观不同，种类不一，但都是现代工业的结晶，是机器与科技进步的完美体现。

工程车也许并不优雅漂亮，但它们却帮了人们不少忙。扫地车可以清扫道路，维护城市的清洁；吊车力大无穷，能轻松把沉重的建筑材料吊起来；叉车是货运达人，短距离的搬运任务都包在它身上；清障车能把堵塞道路的障碍"搬"得一干二净……

怎么样？是不是没想到工程车会有这么多用途？而这还只是其中的一部分呢！如果你还想了解更多关于工程车的知识，那还等什么，马上跟我们一起翻开《童眼识天下科普馆——工程车》，走进工程车的世界吧。

目录

CONTENTS

集合吧，工程车

工程车就在我们身边，它们的身影经常出现在马路上、建筑工地中、紧急抢险队伍里……正好，一些工程车正在聚会，我们去认识认识它们吧。

叉车：它是搬运小能手，成堆、成垛货物的短途搬运，交给它准没错。

装载机：常见的工程建设车，集铲掘和装卸物料功能于一身。

吊车：负责吊装设备、起重等工作。另外，它还可以抢险救灾呢。

土方车：是装运砂石、沙土的好帮手。

重型载货汽车：超级大块头，拉动十几吨的货物只是小菜一碟。

垃圾车：能把垃圾都"吞"进肚子里，不怕脏，不怕累，它是城市"清洁勤务兵"。

装甲架桥车：快速架设桥梁，让部队迅速通过河流。

扫地车：负责城市道路、公共场所的清扫工作，能够扫地、吸尘。

清障车：车辆抛锚、被困或者违章停车时，它可就派上大用场了。

通信工程车：负责检修、维护通信设备，出现通信故障时没它可不行。

哇，好大的工程车

工人叔叔可辛苦了，他们披星戴月，把一根根钢筋筑成坚硬的建筑骨骼、把一袋袋砂石铺成平坦的马路。不过，辛勤工作的可不只他们，还有不少"无名英雄"呢。你看，它们来了。

历史悠久的工程车

早在公元前 1 世纪，古罗马工程师维特鲁威就在他的书中描述了各种重型设备，不过它们是靠人力和畜力牵引的。在之后的历史中，工程车经历了由蒸汽驱动、电力驱动、内燃机驱动、全自动液压驱动的演变。到了今天，就连新能源工程车都出现了！

粗活累活都不怕

　　工程车们可是建筑领域的骨干力量，不管是开山辟地还是拦路架桥，都有它们"冲锋陷阵"的身影。看呀，土泵车正用长长的"吸管"输送混凝土；打桩车挥舞着"大拳头"夯实地桩；搅拌车转动"滚筒"，忙着运送混凝土。还有推土机、起重机、电焊工程车……一个个匆匆忙忙、穿梭不息，真是帮了工人叔叔大忙了。

安全第一位

　　工程车可不能任性，想什么颜色就什么颜色。消防车要漆成火一样的红色；工程抢险车要穿显眼的"黄衣服"；冷藏车、油罐车、水利工程车大多都是白色的……原来，工程车一般肩负着特殊的使命，"穿"特定的颜色都是有道理的，有的是为了安全、有的是为了警示，有的是为了更好地完成工作。

用力向下挖——挖掘机

在一阵轰鸣声中，大山中的碎石不见了，只留下幽深的隧道；河床里的淤泥不见了，只剩下光洁的驳岸，究竟是谁在施展魔法？原来，这都是工程车中的"明珠"——挖掘机做的好事。它正挥舞着长长的"胳膊"挖掘着、搬运着，凡是它经过的地方，都变得畅通无阻。

厉害的挖掘机

挖掘机可以分成"躯干"和"手脚"：驾驶室、回转结构和动力系统构成了挖掘机的"躯干"，工作装置和行走装置扮演着挖掘机的"手"和"脚"。挖掘机有各种尺寸，可以适应不同的工作环境。体形娇小的迷你挖掘机可以去果园挖坑修渠，而大块头的大型挖掘机则在矿山大展身手。

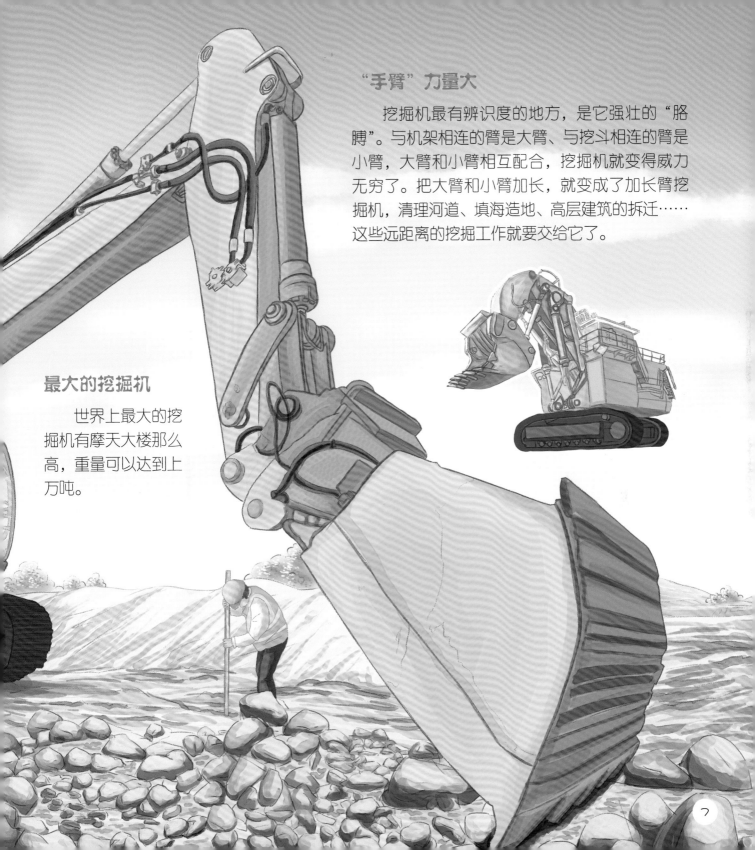

"手臂" 力量大

挖掘机最有辨识度的地方，是它强壮的"胳膊"。与机架相连的臂是大臂、与挖斗相连的臂是小臂，大臂和小臂相互配合，挖掘机就变得威力无穷了。把大臂和小臂加长，就变成了加长臂挖掘机，清理河道、填海造地、高层建筑的拆迁……这些远距离的挖掘工作就要交给它了。

最大的挖掘机

世界上最大的挖掘机有摩天大楼那么高，重量可以达到上万吨。

挥舞大铲子的装载机

让开，快让开，装载机挥舞着大铲子来工作了。不一会儿，一大堆碎石就被运走了，装载机可真厉害呀。

我的"手臂"有点短

装载机也有着手臂和大铲斗，模样有些像挖掘机。不过你一定不会把它们搞混。瞧，和挖掘机相比，装载机的手臂很短。

大铲子来装车

装载机的工作离不开它的大铲子。你看，它把大铲子放在地面上，贴着地面向前推，装上物料后向上举起，随后一股脑儿倒进了车里。什么石灰、煤炭、沥青、混凝土，只要一见到它的大铲子，全都老老实实地被装进车里去了。

"百变"铲子

装载机的大铲子还会变身呢，你没有听错，装载机有很多种铲斗，可以根据不同的工作内容进行替换：碎石、干沙的装载，用标准斗就可以了；如果遇到坚硬的岩石和矿石，那就轮到岩石斗出马了；要装卸干草、木材的话，就需要换上一个"长手臂"，然后把铲斗换成抓木器。

灵活的"大块头"

　　装载机那么大，身后还"背"着笨笨的动力系统，它行动起来一定很不方便吧？那你可猜错了，装载机配备滑动装置，能够在场地狭小的地方灵活转动，有些甚至可以实现原地 360 度旋转呢！而且装载机的驾驶室四周都是玻璃，视野十分开阔，这样司机叔叔能够轻松掌握四周的情况，操作起来就更加灵活啦！

不止能装载

　　除了装载和运输材料，装载机还能刮平地面和牵引其他机械呢。牵引很简单，刮平地面却有点难，需要司机叔叔的熟练操纵和装载机的全力配合。看，司机叔叔坐在驾驶室里，他先在铲斗里装满沙土，然后把大铲斗放平贴着地面，倒退着行驶。铲斗经过的地方，地面就变得平整了起来。

土方车过，飞沙走石

听到土方车这个名字，你可能会一头雾水。但是我要是告诉你，它就是那个装满了砂石、灰头土脸跑在路上的大卡车，我想你一定认识它。

自己会卸车

土方车开到了目的地，它停在一片空地上，神奇的一幕出现了：它的车斗动了起来，后面的挡板掀开，车上的沙土就被卸了下来。土方车竟然可以自己卸车？这归功于土方车神奇的装置——液压缸，它能把汽油等液体的压力转换成为机械能，带动活塞杆运动，后面的车斗就被它"推"起来了。更厉害的是，车斗可以在任何位置停下来。

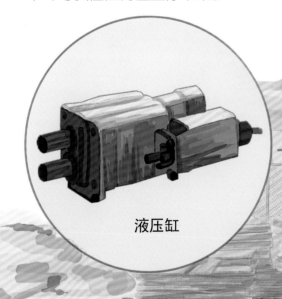

液压缸

拒绝沙尘暴

　　"蓬头垢面"的土方车一经过，一阵黄沙就扑面而来，土方车上装的沙土太多了，如果没有遮挡，只要车速一快，沙土就沿路纷纷扬扬地遗撒下来。为了防止这样的"沙尘暴"，土方车上路前，也对车厢进行了包装，盖上了一层篷布，而且还会在出门前冲洗一番，干干净净地在路上行驶。

我的手臂力量大——起重机

"大吊车，真厉害，成吨的钢铁，它轻轻地一抓就起来"，这句经典唱词描述的就是力大无穷的起重机。小朋友们一定在很多地方见过这个"大力士"：盖楼的工地、繁忙的港口……

长手臂

起重机有一只巨大的钢铁"手臂"，你第一眼就能注意到，这"手臂"不仅长，还能灵活地伸缩呢。根据工作的高度和幅度，起重机可以调整"手臂"的长短完成任务。

"钓鱼"学问大

快看，起重机开始工作了！它先把吊钩拉长；然后再缓慢地降下来，就像爷爷钓鱼时那样。你可别觉得这个步骤十分简单，实际上里面有不少学问呢！司机叔叔要考虑物体的重量、到起重机的距离，还有"手臂"的工作幅度、提升速度……可真不是一件容易事呢！

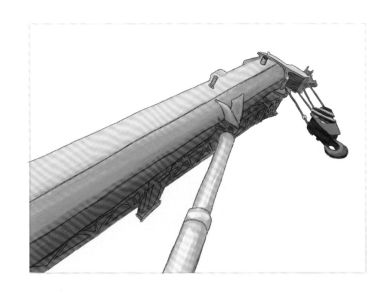

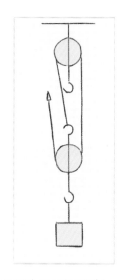

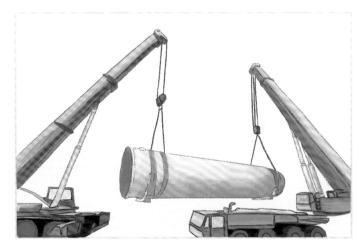

滑轮组来帮忙

起重机究竟是怎么把那么重的东西运到高空去的呢？事实上，这多亏了滑轮组。它由动滑轮和定滑轮组成，当链条缠绕在这两个可以转动的小轮子上，既能改变力的方向，又能节省很多力气。

两个驾驶室？

咦，汽车起重机怎么有两个驾驶室呢？其实呀，前面那个才是驾驶室，司机叔叔在那里驾驶汽车起重机在道路上行驶。后面那个是操纵室，它是用来控制"手臂"的，里面配备着操纵杆、电器控制柜和液压装置等，"手臂"的转动伸缩、货物的升降摆放，全都由它说了算！

"爪子"

　　不知道你们有没有仔细观察过起重机的吊钩，它弯弯尖尖的，就像是猫或者鹰趾端的爪子一样。只有这样锋利的"爪子"，才能牢牢钩住货物。人们还根据截面的形状，将吊钩分为圆形、方形和梯形等，它们分别被用来吊不同的货物。

梯形吊钩

圆形吊钩

起重机大家族

　　除了安在汽车底盘上的汽车起重机之外，还有会一节一节"长高"的塔式起重机，它经常出现在建筑工地上，起吊一些钢筋、木材、钢管等原材料。还有像大桥一样的桥式起重机，它的两端坐落在水泥柱或者金属支架上，是车间、仓库必不可少的起重设备。

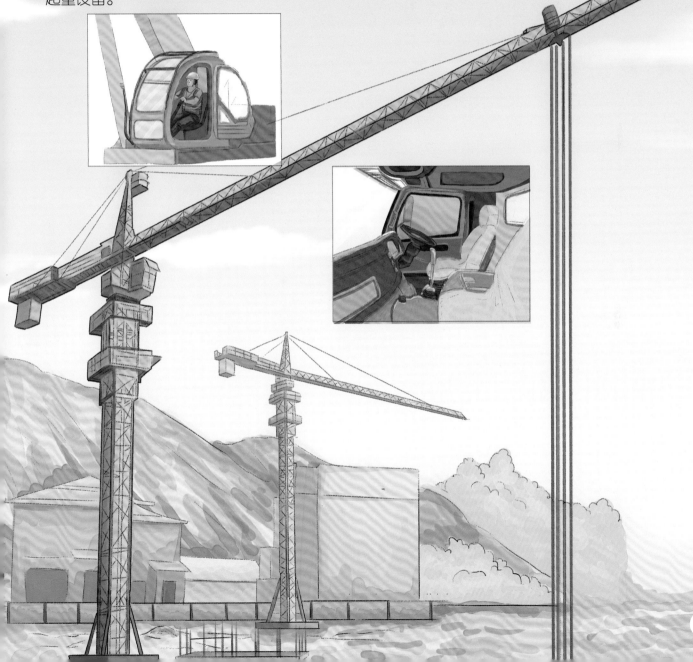

"肚量"大的重型载货汽车

看过《变形金刚》的小朋友，一定都对擎天柱印象深刻。它是无所畏惧的战士、亲切忠诚的朋友，是让人爱戴的汽车人，那么你知道它的原型是什么吗？告诉你，它的原型就是可靠的重型载货汽车！

车轮多多

轮胎是车的"腿脚"，要负责直接与地面接触，承受车身和货物的重量。四个轮子对普通的汽车足够了，对重型载货汽车来说可不行，它除了本身比较重，还总是运送重型货物。为了分担重量，重型载货汽车的轮胎数量可能是 6 个、8 个或 10 个，有的拖挂车有 22 个轮子。

大块头

重型载货汽车是一个超级大块头，它们的车长超过了6米，重量超过了12吨。

喝柴油的大力士

你知道吗？稳重的大卡车一般是要喝"柴油"的，因为它不需要飙车赛跑，而是勤勤恳恳地拉货，老实稳重的"性格"刚好和柴油的特性相吻合。柴油机天生追求力量而不是速度，拉动十几吨的货物简直就是小菜一碟！

推走，通通推走——推土机

快看，地上这深深的槽印是谁留下来的？原来是"大嘴巴"的推土机，它的本领可大了，修路填坑、除雪清障、平整场地，就没有它做不了的。怪不得矿山农田、交通水利建设，都少不了推土机的帮忙。

我有推土铲！

推土机最吸引人的地方，就是前面大大的推土铲了，别以为它就是一个铲刀，其实里面的学问也不小呢。推土铲有很多种：直倾铲、U 形铲、半 U 形铲、角铲等，不同的推土铲负责应对不同的工作。

直倾铲

U 形铲

半 U 形铲

角铲

不能推石灰？

　　推土铲就像一张"大嘴巴"，别管是树根、石块还是建筑垃圾，都能"吃"得下。但是你要知道，推土机也是会"挑食"的，像是石灰之类的粉末状材料，就不能麻烦它来推了，因为推土铲没什么深度，没法把粉末包裹住，如果用它来铲粉末，那可就要下"灰尘暴"了。

履带和轮胎

　　推土机的轮子分履带和轮胎两种。有的推土机需要在冰雪、泥泞、坑洼的地方冲锋陷阵，这个时候，宽大的履带能让推土机行驶得更加稳定。如果工作地点比较平坦，那么大大的轮胎可以让推土机更灵活、行动更迅捷。

石灰

长着巨大轮子的压路机

哎呀，路上怎么冒着热气？其实呀，这是工人叔叔们在铺沥青路面呢，团团白色雾气里包裹着的大家伙，就是本领高强的压路机。大坝、机场跑道、体育场的路面，都要靠它来压实。

大轮子来了

压路机前面的轮子可真大！这可不是什么轮子，而是用来压路的滚筒。它会利用自身的重量，让细小的砂石颗粒紧紧地抱在一起。一遍、两遍、三遍，凡是大滚筒经过的地方，地面都变得又紧实又平坦。

除了压路滚筒之外，还有羊足碾式的压路机，滚筒外面密密麻麻的凸起就像是小羊的蹄子一样，不一会工夫，它们就把路面"踏"得结结实实的。

滚筒里面有什么？

　　大滚筒里藏着什么呢？不同的压路机的滚筒可不一样：静碾压路机是靠自身的重量压实路面的，所以人们在大滚筒中灌入沙子或水；震动压路机的钢轮里，往往藏着一种叫作"偏心块"的圆形装置，它在工作时会产生激振力，使地面受到连续的冲击，从而变得平整结实。

最佳后勤——装甲工程车

装甲战车虽然"身怀绝技",但是如果遇到地形复杂、人员众多的大规模作战,还是有可能应付不过来。所以,有一种厉害的车辆,它们要在作战过程中,为装甲战车做好后勤保障工作。它们就是装甲工程车。

无名英雄

战场上的装甲战车威风凛凛,四处征战,但是你要知道,如果没有装甲工程车提供保障,想要取得胜利可没那么容易。装甲工程车的"长相"、性能都和坦克差不多,它们可以跟随军队作战,遇山开路、遇水架桥,时刻为战车保驾护航。

"变形金刚"来了

我们现在看到的装甲工程车，大多都是在坦克的基础上改装而成的，根据用途不同，它的车身上能够安装不同的设备：有的能清除障碍，让部队上山、下河一路畅通无阻；有的负责战场救援，让受到损坏的战车可以尽快修复，再次投入战斗。

战场多面手

装甲工程车不光有各种作业装置，而且它还在往多功能的方向发展。"豹"式装甲工程车既能挖土，还能起吊货物；"獾"式工程车松土、焊接、切割都能胜任……这还不算什么，有的装甲工程车还能在高原冻土上挖掘战壕。

运输物资全靠我

"战争越来越激烈了，需要更多的人手支援！"这个时候装甲输送车就派上用场了。它具备极佳的越野能力，不管是深沟战壕还是沼泽湖泊，都阻挡不了它。你看它的"大肚子"里面装满了武器弹药和全副武装的步兵们。这些人力物力一旦被运送到战场上，就会立马火力全开，打得敌人落荒而逃。

别怕，有我在

哎呀，一辆主战坦克"受伤"了，战场上枪林弹雨，它还能继续战斗吗？别担心，装甲抢救车已经赶来了，它的车身上安装着吊机和钢绳，可以把伤痕累累的坦克拖到安全地带去。除了牵引设备，装甲抢救车上还配备发电机、电焊机等修理工具。用不了多久，我们的"铁甲勇士"又能威风凛凛地驰骋疆场了。

沙场上的"白衣天使"

钢筋铁甲的战车都会"受伤"，更何况血肉之躯的士兵了。战士们一旦受伤，装甲救护车就会在第一时间赶到，对负伤的士兵进行抢救。装甲救护车虽然看起来笨重，但是里面的设备可全了。救护舱内除了必备的救护器材，还有供氧器、药械箱和洗手池等，简直就是"战场上的医院"。

架桥能手——装甲架桥车

"一桥飞架南北，天堑变通途"可见桥梁对我们来说有多么重要。但是在战场上，短兵相接、战火纷飞，开路架桥可不是件容易的事。这种情况下，装甲架桥车就成了最得力的帮手，因为它"自带"桥梁，它走到哪儿，桥就在哪儿。

克服障碍我能行

河流、险滩、沟壑等天然障碍，反坦克战壕和被破坏的路段等人工障碍都是作战坦克的"天敌"。这个时候就需要装甲架桥车出马了，它能够在这些沟渠、山谷之上，灵活地铺出一条钢铁桥梁，让作战部队能够快速通过障碍。

坚固的"大剪刀"

装甲架桥车在行进的过程中，把折叠起来的桥"背"在车上，等到了需要架桥的时候，驾驶舱中的操控装置就会让大桥竖起来，像把大剪刀一样，一点点张开，同时缓慢地降落，直到大桥完全展开架在障碍的两端。桥节是用高强度的铝合金制成的，这种材料又轻又结实。

"铺路机"也来了？

剪刀式架桥车要像大剪刀一样立起来，顶着战火伸展"胳膊"，但是这样很容易被敌人发现，继而遭到炮火的攻击。有可能桥还没架好，架桥车就已经"身负重伤"了。这种情况下，就轮到平推式的架桥车上场了，它不需要竖立起来，桥节在链条的推动下可以向前平推，像铺路机一样搭出一条平坦的桥来。

驮着罐子的罐车

小朋友们熟悉的运输车，要不然就"背"着四四方方的大箱子，要不然就在四周围着坚固的"栅栏"。但是你知道吗？驮着"大罐子"的罐车也是很厉害的运输车呢。

银色"大罐子"

你一定发现了，大多数罐车的罐体外部都被涂成了银色，这是为什么呢？原来，罐车运送的大多是液体货物，银白色的外壳可以把太阳的光线反射出去。这样一来，就能避免罐里的液体温度过高。不过，并不是所有罐子都是银色的，比如运送原油的罐车罐体外部就是黑色的，而运送成品黏油的罐车罐体外部是黄色的。

橙色"腰带"

咦，罐车的大罐子上怎么还有一条橙色的"腰带"？其实这是危险化学品车辆的反光标识。很多罐车运送的都是易燃易爆或者有毒的物体，反光标识是为了罐车更加容易被人发现、预防发生事故。

油罐车小尾巴

听说油罐车长着一条铁链"尾巴"，真的是这样吗？原来呀，铁链"尾巴"指的就是拖地静电链。在运输的过程中，油罐会和"肚子"中的油互相摩擦，产生大量的电荷，这些电荷一旦产生火花就会引起燃烧甚至爆炸。所以人们在车上安装了一条拖到地面的铁链，这样它就能及时把电荷传导到地面上去，避免发生危险。

液化气别想跑

你一定很好奇气体该怎么运输，难道它也能老老实实待在大罐子里？其实，有一些气体在高压或者低温的环境中，就会凝成液体，这样运输起来就方便多了。不过，只有专门的大罐子才能满足液化气的需求：罐体要采用高强度的钢板制造，还要按照压力容器的要求，安装安全阀、压力表和防爆片等装置。

压力表

安全阀

危险的化工罐车

化工类罐车是个孤独的英雄，因为它运送的都是非常危险的物品，总是让人望而生畏。它运送的易燃、易爆，或者腐蚀性极强的化学物品，稍不留神可能就会酿成灾难。因此它对罐体的要求十分严格，一般都采用玻璃钢、不锈钢等坚固且不容易被腐蚀的材料。

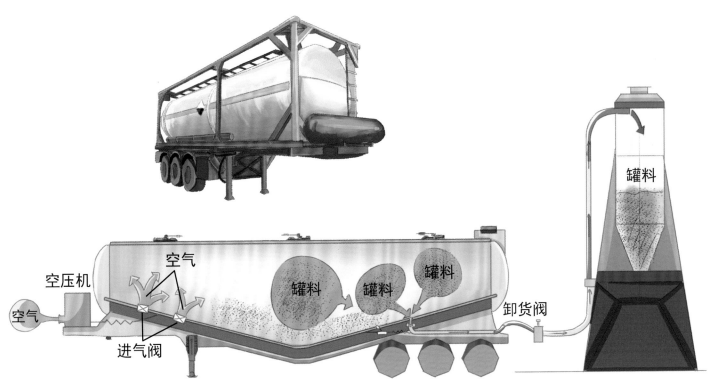

卸货了

液体货物都是用软管装进罐子里的，而粉末状的货物一般都是靠压力吹进罐子里的，比如水泥、面粉、滑石粉等。卸货的时候，人们把压缩的空气通入罐子底下的多孔板，这样一来，小颗粒们开始松散，并在空气的压力下从卸料管"流"出来。

转啊转的田螺桶——搅拌车

　　有这么一辆车,它身上"背"着一只"大田螺",还会一边转动一边发出"咕噜噜"的声响,这究竟是什么车呢?相信聪明的你已经猜到了,它就是时刻旋转着的田螺桶——搅拌车。

倾斜的大田螺

　　搅拌车的大滚筒长得可真奇怪,中间圆鼓鼓的,尾端却又变窄了,活像一个倾斜的大田螺。"大田螺"为什么是倾斜的呢?其实这是为了让圆桶的重心向下,在搅拌的过程中,混凝土可以凭借自身的重量,搅拌得更充分。另外,在运输途中,倾斜的搅拌桶不会让货物溢出来。

一路转不停

　　搅拌车怎么一直都在转，难道它不累吗？原来，搅拌车里装的是混凝土，如果不搅拌的话，等到了目的地，你就会发现里面的混凝土结块了，水泥、沙、石也不会均匀地混合在一起了！另外，工人叔叔在配置混凝土的时候还加入了一些缓凝剂，这也是为了防止混凝土在运输途中结块、变质。

身背长管子的混凝土泵车

混凝土泵车总是"背"着一根长长的输送管，向高楼输送混凝土，任务完成之后再把输送管收起来。但是你知道吗？它可不是一"出生"就长这样，而是在载重汽车的底盘上改造而成的。

盖楼好帮手

你见过大象洗澡吗？它们在鼻子里吸满了水，然后再喷洒到高处，混凝土泵车输送混凝土的过程就跟大象洗澡差不多！只不过它有自己的液压系统，强大的动力能将管子中的混凝土运到几十层的楼上，有了它的帮忙，建造高楼大厦变得容易多了。

轮胎离地更稳固？

你如果看见泵车的四个轮子都离地，一定会觉得很震惊。不过不用担心，轮子虽然离地了，但是还有四条结实的"腿"作为支撑，它们可比轮胎稳固多了。原来，泵车在工作的时候，车身会发生晃动，轮胎可就遭殃了，它会和地面不停地摩擦，既不稳固又容易造成磨损。所以混凝土泵车在工作的时候，一般都会让轮胎离开地面一段距离，用支架稳定车身。

超长的"手臂"

混凝土泵车的"手臂"可真长呀，可以伸缩、弯曲的布料杆就藏在里面！你知道吗，世界上最长的泵车"手臂"长度能够达到 100 米以上呢。

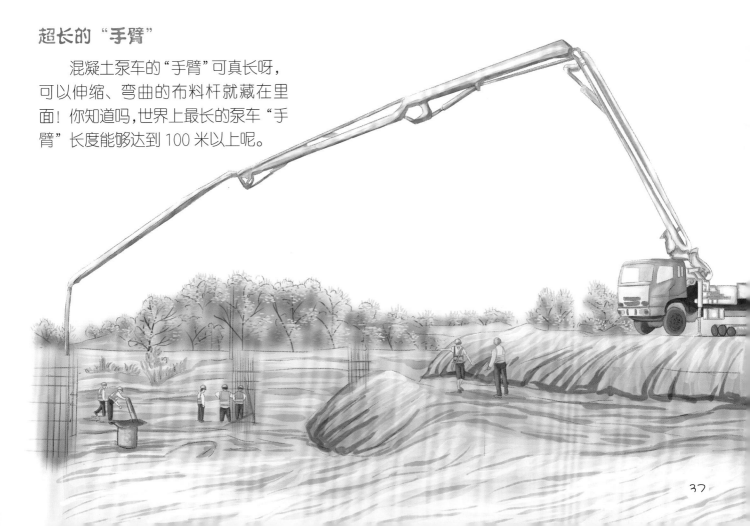

清道夫——道路清障车

糟糕，汽车发生事故了！司机叔叔只能把它停在路边，马路因为这辆汽车变得拥堵起来。这可怎么办呢？没关系，"清道夫"——道路清障车会把抛锚、阻碍交通的汽车拖到指定的地方去。

清障车的诞生

1916年，几个汽车修理工正在从小溪中拖拽被困的小汽车，大家手忙脚乱，又用绳子又用固定装置，好不容易才把汽车拖上岸。这时，一个名叫欧内斯特·霍姆斯的年轻人萌生了想法：为什么不能有专门的设备，来做如此费力的工作呢？就这样，在他的努力下，世界上第一辆清障车诞生了。

任劳任怨的"清道夫"

　　哎呀，一辆小汽车停在路边动不了了！不要紧，清障车会带它去修理厂的，而且还会根据故障情况、汽车驱动方式等选择不同的拖车方式：可能是把汽车拴在拖车挂钩上进行牵引；也可能举起车子的前轮或者后轮，托举着前行；还有可能把整辆车都放到拖车的平板上，就这样一路"背"到修理厂。

道路救援小分队

　　汽车出了事故，我们的救援小分队就出动了：轻巧灵活的轻型清障车和摩托车型清障车负责去帮助微型客车和轿车；能干的中型清障车负责帮助载货汽车和中型客车；高大的重型清障车去抢救大吨位的重型货车和半挂车。

显眼的安全标识

　　清障车的使命就是时刻拯救车辆于危难之中，有时还要"上夜班"——在夜间营救被困车辆。这时，车身上的反光车贴就能起到警示作用，提醒远处的司机及时避让。而且在清障车出勤的时候，在远处还要设置减速标识和反光的交通锥，以保证事故现场和来往车辆的安全。

吃垃圾的大怪兽——垃圾车

垃圾车从来都任劳任怨，默默地行驶在路上，即使遭到行人的冷遇，也尽职尽责地完成工作，因为它知道，脏活、累活总要有人干，只要它把垃圾收拾得干干净净，人们生活的环境就能变得更加美好。

特殊材料的车身

在垃圾集中的厂矿企业、物业小区和广场，我们总能看见垃圾车的身影。它们的车身是用特殊材料制成的，可以耐酸、耐碱、耐腐蚀。另外，垃圾箱的箱口都是加固过的，可以搭配提升装置使用。你看它总是盖得严严实实的，这是为了避免蚊蝇滋生、异味散出。

垃圾车本事大

　　垃圾车的本事可大了！它们有的车厢可拆卸，有的可以自动装车，还有的配备多个装卸斗，工作便捷又高效，当然要去更多的领域大展身手！垃圾车不止能运垃圾，它们还能在建筑工地上运输砂石等散装材料，还能在矿山运送矿石和煤炭。

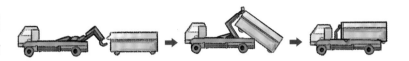

放着，我自己来

　　呜——一辆垃圾车开过来了，它停在垃圾桶旁边，液压升降装置前端的"机械手"牢牢地抓住垃圾桶，稳稳地举起来，把里面的垃圾一股脑地倒进车里，再把垃圾桶放回原位，接着它又奔着下一个"目标"垃圾桶前进。装满垃圾后，它就会开到垃圾处理中心，把车厢立起来，把垃圾排出去。

城市清洁交给我——吸尘车

有辆车一直在扮演着清洁工的角色：吸走地上的灰尘，还把路面打扫得干干净净。有了它，城市变得整洁又漂亮，就连空气也清新多了。相信你一定猜到了，它就是讲卫生、爱干净的吸尘车。

垃圾吸进"肚子"里

传统的清扫车"肚子"底下有几个大大的、旋转着的清扫刷，从路面走过就可以清扫卫生，但是有时候也会在清扫的时候扬起灰尘，造成二次污染。现在，吸尘车就能解决这个问题，它可以把灰尘、树叶、石块都吸进收集箱里。

环卫工人的好帮手

有了真空吸尘车，环卫工人们只需要开着车就能清理垃圾了，吸尘车配备的辅助吸管能够伸到绿化带里面，就算是大家够不到的死角，它也能清理得一干二净。

我也能操作

真空吸尘车操作起来是不是十分麻烦呀？告诉你吧，在它的驾驶室中有一个电脑触摸屏，人们通过这个面板就能控制吸尘车，包括吸尘口的升降、后门开关、风机的旋转速度等，这下环卫工人们就能轻轻松松地完成清扫任务了。

农民伯伯的好帮手——收割机

你听，那是什么声音？原来是收割机在工作呢！它在田里跑来跑去，"嘴巴"里塞满了沉甸甸的粮食作物。要知道，它可是收割庄稼的一把好手，每到农忙的时候，农民伯伯都要请它来帮忙。

大嘴巴"吃"粮食

收割机怎么都有一张"大嘴"呢？你可看好了，那是负责收割的割台，锋利的割刀旋转起来能把粮食作物"拦腰砍断"。接着，被割下来的水稻、小麦落入滚筒，在那里进行脱粒、筛选，去除茎秆和杂草。只有饱满干净的谷粒才有资格进入"小粮仓"。

"皮糙肉厚" 的轮胎

　　农田里并不平坦，坑洼泥泞的路段一般的车根本难以驾驭。但是收割机的轮子高高大大的，无论粮食种在什么地方，它都能跑过去。另外，它的轮胎又厚又结实，一般尖锐的东西没有办法刺穿它，所以它才能在田野、坡地畅行无阻。

收获的季节

　　每当到了收获的季节，田野里就忙开了。除了收割机之外，还有把稻草滚成草垛的圆捆打包机、将谷物摊铺晾晒的旋转割晒机、给种子脱水干燥的种子加工机……有了它们，农民伯伯的工作变得轻松多啦！

举着叉子的叉车

你要是认为叉子只能用来吃饭，那说明你一定没见过叉车，它的"大叉子"可是搬运货物用的！港口、车站、仓库都少不了它的帮助，而且它还能进入船舱和集装箱内搬运货物呢！

开始工作了

叉车低举着叉子开过来了，它这次的任务是把几个箱子运到仓库里。它停在箱子前，箱子已经被码放整齐了，这让叉车的工作更加便利。叉车把货叉放低，插进最下面的箱子底下，装稳货物后，货叉慢慢离开地面，叉车载着货物朝目的仓库开去。

变花样的"叉子"

　　我们的叉车可不光只有一把"大叉子"，它还有各种不同的工具可以替换。比如能够搬运纸卷的纸卷夹，造纸厂、印刷厂都少不了它；能从两边直接夹住货物的软包夹子，你看羊毛、布料都乖乖地躺在它的"怀里"……

叉车大不同

　　人们往往会根据不同的工作环境，派出不同的叉车：比如马力强劲的越野叉车不仅能够翻越障碍物，还能在泥地和雪地上行驶；纤细高挑的高垛叉车可以垂直升降，甚至可以够到十几米高的货物并且从侧面叉取。

车斗站起来——翻斗车

你听，是谁在说话："我是翻斗车，肚子里是满满的砂石、散料，我的车厢可以自动倾翻，将货物倒出去，这可为工人叔叔们省了很多力气。"

自己会卸货

翻斗车也叫自卸车，它配备专门的液压或机械升举装置。翻斗车的后门带有一个手动拉钩，准备卸货的时候，只要把车厢门打开，然后司机叔叔在驾驶室中脚踩离合器，拉起转阀，车厢就会被内部的液压装置一点点顶起来，车上的货物就倾倒出去了。等到完成卸货工作，司机叔叔只需要再次控制活塞杆，翻斗车就会利用自身重量回到原来的位置。除了后翻之外，有的翻斗车还会侧面卸货呢！

翻斗车大家族

　　翻斗车便捷又高效，因此这个家族发展得十分庞大。从外形来说，有尖头翻斗车、平头翻斗车、半挂翻斗车等。从用途来说，有矿山翻斗车、污泥翻斗车、工程机械翻斗车……大家勤勤恳恳，在不同的岗位上贡献着自己的力量。

铺好，抹平——摊铺机

哎呀！车子怎么在路上摇摇晃晃，像是喝醉了酒一样？这就要怪坑坑洼洼的路面了，不光下雨的时候容易积水，而且还十分危险。不过别担心，我们有摊铺机来帮忙。

"熨斗" 可真大

在摊铺机的正前方有一个熨平板，就像一个巨大的熨斗一样。路面上的混合料在它的下方流动，熨平板就这样 "浮" 在料上，确定路面的厚度后，震动器启动，它可以让 "大熨斗" 在路面上震动、压实，把路面 "熨" 得整齐又平坦。

聪明的分料系统

机架的前端板上有两个闸门，它可以保证从集料斗中倒出的碎石或者沥青不多也不少。紧接着，分料系统会用螺旋桨一样的叶片，将混合料输送到两侧的大板子底下，并且均匀铺在路面上。

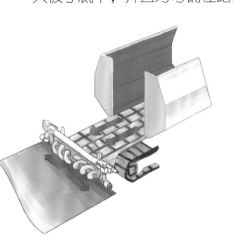

为什么刚铺好的沥青都是滚烫的？

小朋友们都知道，刚铺好的沥青都是滚烫的，这究竟是为什么呢？原来为了保持沥青的流动性，需要不停地对它进行加热。在摊铺沥青时，熨平板的底部有一个燃烧装置，保证加热后的板子不会跟沥青粘连在一起，而影响路面的摊铺质量。而且有了加热装置，就算在低温的情况下，摊铺机也能正常工作。

牵着你前进——半挂牵引车

我身强体壮、马力强劲，所产生的动力足够牵引一个大挂车，而且还能替它们分担重量。说到这你一定知道了，我就是好人缘的半挂牵引车。要知道，各式各样的挂车都抢着跟我做朋友呢！

手拉手一起走

我最要好的朋友要数半挂车，它没有前轮，直立的时候需要靠支腿支撑自己。而我负责为它提供支撑点，并且分担一半的压力。

"牵手"成功

你一定很好奇，我和笨重的半挂车是怎么连在一起的。告诉你吧，半挂车的前部下方有一个销子，形状就跟大头钉差不多，它能跟我身上一块叫作"鞍座"的钢板紧紧相连。当挂车调整到合适的高度时，我会小心翼翼地后退，使牵引销和鞍座位置相接，当你听到"咔哒"一声，那就说明我和半挂车牵手成功啦！

前悬是什么?

我和半挂车重叠的部分叫作"前悬"，前悬越大，我们之间的距离就越近，在行驶中遇到的阻力就越小。不过前悬也不是越大越好，得保证在颠簸的情况下，半挂车不会碰到我的车架，在转弯时也不能和后壁、轮胎相撞。只有我俩和谐相处，这样才能最大限度地保证人员和货物的安全。

工作了！集装箱运输车

欢迎来到集装箱码头，这里堆满了各种颜色的集装箱。集装箱运输车来来往往，运载着集装箱从这里到那里。

看，集装箱

如果想把一些货物运送到目的地，中途需要更换运输工具，那货物的装卸就需要花费很长时间。假如把零散的货物装在一个标准的大箱子里，那只要把这个大箱子从一个运输工具换到另一个运输工具上就可以了。这，就是集装箱存在的意义。

集装箱运输车来了

　　集装箱运输车开过来了，这是一辆牵引车和骨架式半挂车的组合。骨架式半挂车是专门负责运输集装箱的，它的结构很简单，没有货台，只有底盘骨架。不用担心集装箱放上去后会晃动，车上四个角有扭锁装置，可以牢牢地固定住集装箱。当然，集装箱运输车并不只这一种，还有全挂式、双挂式等车型。

伙伴来帮忙

　　集装箱运输车准备装车了，这靠它自己可办不到，需要起重机、叉车来帮忙。瞧，起重机举起集装箱，稳稳地放在集装箱运输车上。固定好后，它就能出发开向目的地了。

矿山是我家——矿用车

矿用车和普通大卡车看上去很像，但是实际上，矿用车是为矿上施工作业而生的，这就决定了它的"内在"和"外在"都要能胜任矿山的环境。

不能上路的矿用车

矿用车只需要在固定的矿区行驶，所以外形和尺寸不受限制。因此我们看到的矿用车都"威武雄壮"：车身更大更宽，底盘更高。不过，因为矿用车的"长相"不符合上路要求，所以在矿区之外，我们不会轻易见到它。

"钢铁"车身

　　车架也叫"大梁"，它承载着车的大部分重量和从车轮传来的冲击，因此需要格外坚固。矿用车所用的车架是专门为工程机械车辆设计的，车厢也是由强度、硬度极高的钢板焊接而成，使矿用车能够适应矿山上恶劣的运输环境。

工程型发动机

　　为了能运载更多矿石，矿用车不断变大再变大，再加上道路崎岖不平，这就要求它必须要有一颗动力强劲的"心脏"，所以矿用车都配备了十分强大的工程型发动机。

发动机

采矿小能手——扒渣车

扒渣车是挖掘机和装载机的结合体，它既能采矿又能装车输送，小小的身体里面藏着无穷的能量。而且这个小个子的名字可多啦，比如耙渣机、扒矿机、液压装岩机、隧洞出渣机，说的都是它！

身材娇小

比起挖掘机，扒渣车的身材可真算得上是"迷你"了。它经常出没于煤矿、铁路隧道等狭窄的"山洞"里，把爆破后的碎石料和其他零碎的物料装车运走。

灵活的"耙子"

扒渣车的伸缩臂十分灵活：它由伸缩装置、管套、支撑装置构成。在液压缸的驱动下，管套和伸缩臂同时快速伸缩运动，用耙子将碎石一点点扒进运输槽里。在臂的前端还有一个放热保护板，防止伸缩臂因为热量过高而受到损害。

履带和车轮

除了在地面上运输的扒渣车使用车轮以外，大多数扒渣车使用的都是履带。因为它经常行走在陡坡、坑洼路面和潮湿泥泞的巷道中，履带状的"脚"有极强的爬坡力，能够在这样的地面上行走自如。

排忧解难的工程抢险车

出现故障，工程抢险车开始行动！它载着救援人员和抢修设备在第一时间到达事故现场。而且人们还可以根据不同的需求，对抢险车进行改造。

各行各业都有我

工程抢险车一直在为我们的生活保驾护航，哪有故障哪就能看见它的身影：石油化工产品的生产维护、输送管线的紧急抢修、公路机场的路面养护……另外很多行业都有自己的工程抢险车，比如电力公司有电力抢修车、供水公司有供水抢修车，它们坚守在自己的工作岗位上，时刻准备为大家排忧解难。

方方正正大箱子

你看，这个黄色的"大盒子"就是大名鼎鼎的工程抢险车。它的箱体是全密封结构，坚硬的钢铁外壳使它防水、防火、防腐蚀，可以最大限度保证设备的安全。

救援设备多

　　看过了外壳，我带你去参观一下抢险车里面都有啥。车上的设配可真多呀，有发电机组、工具箱、电焊机，以及必备的光源、气源、电源插座箱，车上还配备了消声器，就连发电机也经过了消声处理，这样一来，就算它工作再"拼命"，也不会吵到别人了。

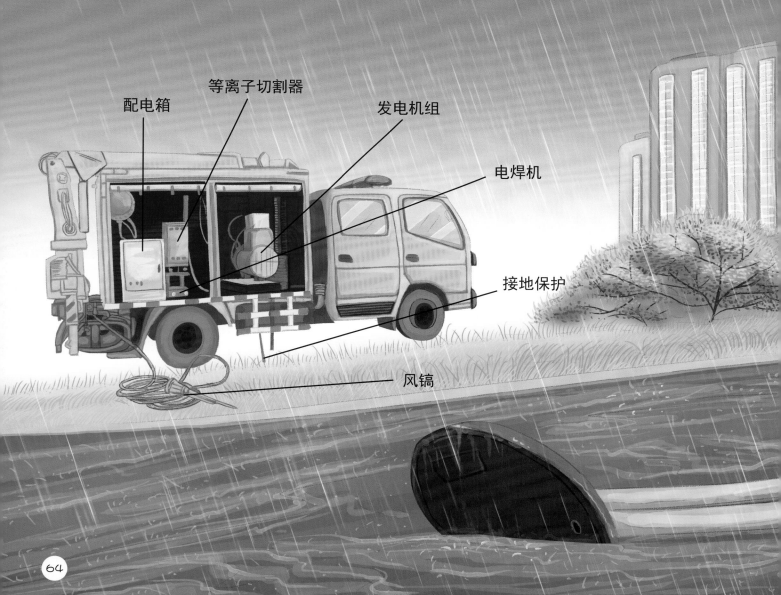

配电箱

等离子切割器

发电机组

电焊机

接地保护

风镐

移动水泵作用大

大多数工程抢险车上都配备了移动水泵，它能让抢险车在汛期或者深水区依然能够正常工作。同时它还能疏通城市积水，使道路交通正常运转。森林消防、矿井抢险、城市排涝都少不了它的功劳。

黄色警灯闪啊闪

你一定看见抢险车车头上的警灯了，那是工程类的黄色警灯，在雨雾天气或者光线不好的地方，它就会发出穿透性极强的黄色光芒，以提醒人们及时避让。而且对于执行紧急任务的工程抢险车来说，它可是有特权的：能够闯红灯、逆向行驶、违章停车等，因为保障人们的生命和财产安全才是最重要的。

高空作业能手——高空车

　　路灯、广告牌可真高呀，工人叔叔是怎样够到的呢？告诉你吧，我们有"长脖子"的高空车，它可以灵活旋转、快速升降，能把工人叔叔送到很高的地方去施工。

"手臂"力量大

　　方头方脑的卡车头身后驮着一个折叠伸缩臂，伸缩臂的顶端就是围着栏杆的作业平台，平台的重量都要由伸缩臂承担。这条"钢铁手臂"可以在液压的驱动下升降、旋转、跨越障碍，还可以同时把好几个人送到高处去维护设备、抢修电缆。

种类可真多

除了我们最常见到的折臂高空车，这个大家族里还有直上直下的剪叉式高空车、电梯一样的自行式高空作业平台等。它们发挥各自的长处，奔波于街道、码头、建筑工地，以满足人们不同的需求。

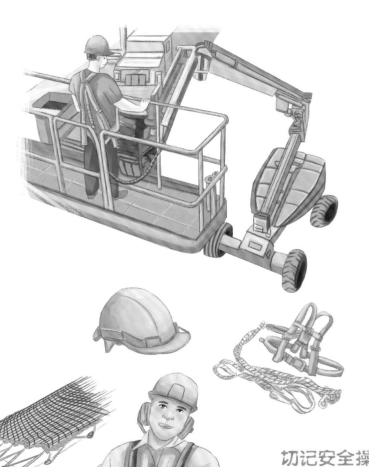

切记安全操作！

高空车有时可以把人送到几十米的高空，在那么高的地方工作，安全就显得格外重要。工人叔叔在乘坐高空车的时候需要挂安全网、戴安全帽、系好安全带，这样才不会从高空摔下来或者被高处落下的重物砸伤。

路面修整师——开槽机

马路也会出现"年久失修"的情况？当然，随着使用寿命的增加，马路会出现裂缝和塌陷，这种时候不需要再费时费力地重建，只需要让开槽机和它的伙伴们修补一番就好啦。

方便的小个子

路面开槽机是个小个子：两个车轮、简单的动力和工作装置，外加一个长长的扶手，这就是开槽机的全部"家当"了。也正因为如此，开槽机操作起来十分方便。开槽机自带动力，即使在野外施工，也不用担心它会没电。

道路养护专家

　　开槽机的工作装置由刀具、刀盘和调整刀片高度的手轮构成。施工的时候，工人叔叔扶着手柄，六片锋利的锯片快速转动起来，不一会儿就在有"病害"的路面上切割出了一个小凹槽。人们用风筒把凹槽里的碎屑吹出去，之后灌缝机就能上场，用混凝土将缝隙填平。你瞧，"生病"的马路就这样"康复"了。

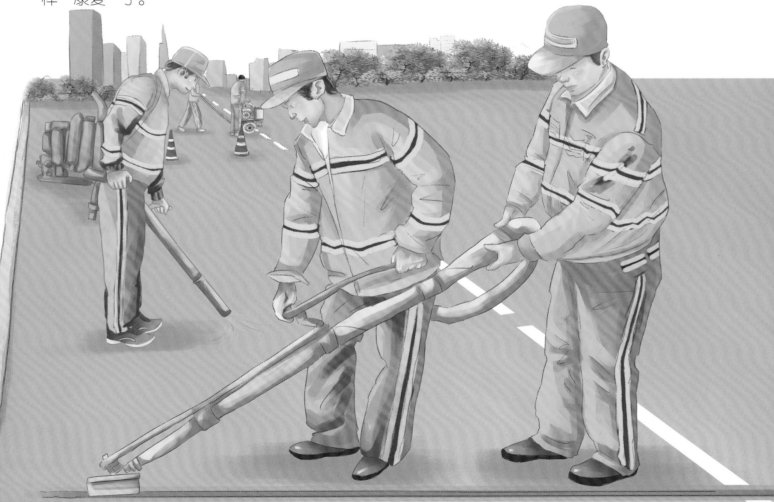

供电专家——电源车

大家一定都有过不少顾虑：小区电缆坏了怎么办？大型活动需要后备电源保障怎么办？别担心，电源车就可以解决这些问题！它的发电效率可高了，甚至可以为发电厂、水电站提供应急电源。

不同寻常的大卡车

电源车的车厢底板藏着两排有超大容量的电池组，可以输出各种不同功率的直流电和交流电。车厢的上层空间用来放置供电抢修的工具，方便对故障进行及时抢修。

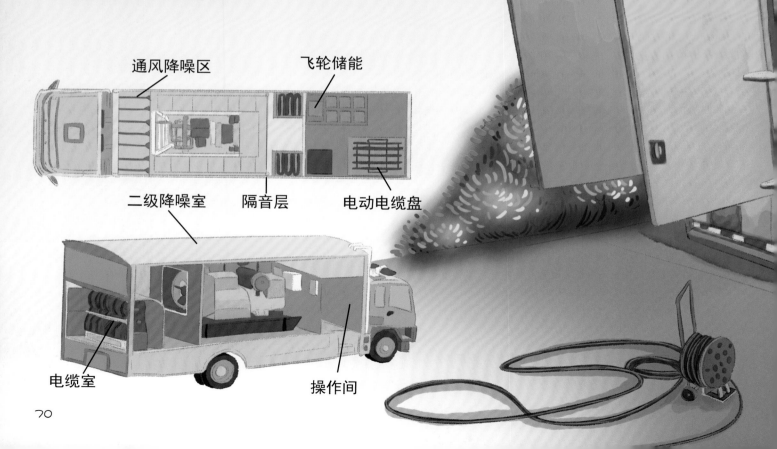

通风降噪区

飞轮储能

二级降噪室　　　隔音层　　　电动电缆盘

电缆室　　　　　　操作间

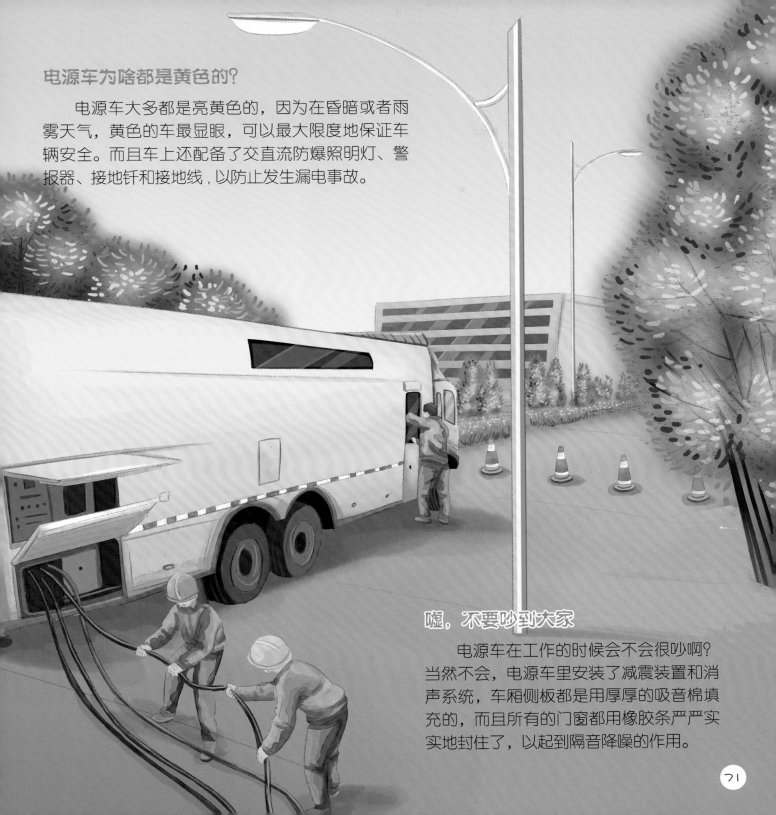

电源车为啥都是黄色的?

电源车大多都是亮黄色的, 因为在昏暗或者雨雾天气, 黄色的车最显眼, 可以最大限度地保证车辆安全。而且车上还配备了交直流防爆照明灯、警报器、接地钎和接地线, 以防止发生漏电事故。

嘘, 不要吵到大家

电源车在工作的时候会不会很吵啊? 当然不会, 电源车里安装了减震装置和消声系统, 车厢侧板都是用厚厚的吸音棉填充的, 而且所有的门窗都用橡胶条严严实实地封住了, 以起到隔音降噪的作用。

除雪能手——涡喷吹雪车

雪下得可真大！不光小朋友们出不了门，就连小汽车都寸步难行。别担心，我们有除雪神器——涡喷吹雪车！它能让积雪瞬间消失得"无影无踪"。

除雪全靠我

这辆坦克的炮塔怎么变成了一个巨大的"吹风机"啊？原来这就是涡喷吹雪车。遇到路面的积雪，涡喷吹雪车就要出勤了：只听见一阵轰鸣声，大喷头里涌出的热浪就把地上的积雪吹走，路面立刻变得干干净净。

威猛外形

　　涡喷吹雪车看起来威猛极了，它有像坦克一样的铜墙铁壁和宽大的履带，车身上还"扛"着一条粗粗的管道。后面外露的钢铁油箱能为这个大家伙提供充足的能量，即使长时间的户外作业，也能够保持充足的动力。

大家躲远点！

　　涡喷吹雪车所产生的高速气流，相当于 10 级的大风。这个时候要是有行人和车辆经过，那真是太危险了。因此吹雪车在上路的时候，身边总跟着护航的保镖——警车，它们跟在吹雪车周围，防止其他车辆受到损伤。

唱着歌，喷着水——洒水车

　　有这样一辆大卡车：它出没在园林街角，一边哼着歌一边四处喷水。不一会儿，街道、街边的绿篱都被冲刷得干干净净。你猜到了吧，它就是"城市美容师"——洒水车。

水从哪里来？

　　小朋友们一定都很好奇，洒水车满满一罐子的水到底从哪来？原来呀，洒水车的发动机会带动一个叫作洒水泵的装置，它能够借助叶片旋转产生的离心力，从路边的消防栓上吸水。"喝"得饱饱之后，洒水泵就会通过管网将这些水喷洒出去。

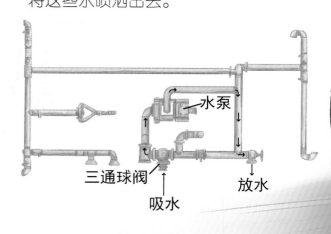

水泵

三通球阀

吸水

放水

洒水车作用大

　　洒水车可不光能除尘、冲洗护栏，在一些特殊场合，它还可以安装上药盘，给果园和道路两旁的树木喷洒农药。在遇到紧急情况的时候，洒水车还能化身"消防员"，和消防车一起在火海中冲锋陷阵。

喷水了，快让开！

　　咦？洒水车怎么还会唱歌？这是因为它的体形大、水量多，为了不妨碍路上的车辆和行人，洒水车在工作的时候总会"唱"起歌来，提醒人们及时避让，可千万不要被水喷到！而且国家对车载喇叭的音乐有规定：音量不能过高，而且不可以带有歌词。所以洒水车"唱"的往往都是旋律简单的纯音乐。